JN217248

基本の8着で 人生が変わる 大人着回し術

STYLING BOOK OF akko

akko3839

CONTENTS

「シンプルな服が 人生を 変えていく」

はじめまして、「akko3839」です。この名前でインスタグラムを始めて約3年。
もうすぐアラフォーからアラフィフ世代へ突入する私が毎日着ている服は、
ほとんどがシンプルなもの。でも、そのシンプルな服が私の人生を変えました。
日々、コーディネートをアップしているインスタグラムを通じて、
おしゃれが大好きなたくさんの女性と知り合い、またそこから、
ブランドとコラボレートするなど、仕事としてファッションに接するチャンスが増え、
そして今回、コーディネートを本にまとめるという機会をいただきました。
緊張しています。でもやるからには、少しでも皆様のお役に立つような、
「今日の服どうしよう」と迷った時に、すぐ参考にできる内容にしたい。
普段は、アパレルメーカーと洋服を共同で企画するなど、
ファッション系の仕事に携わっています。
その経験も生かしながら、シンプルな服をセンスよく着るためのコツを
私なりに考え、できる限り簡単にまとめました。

akko3839

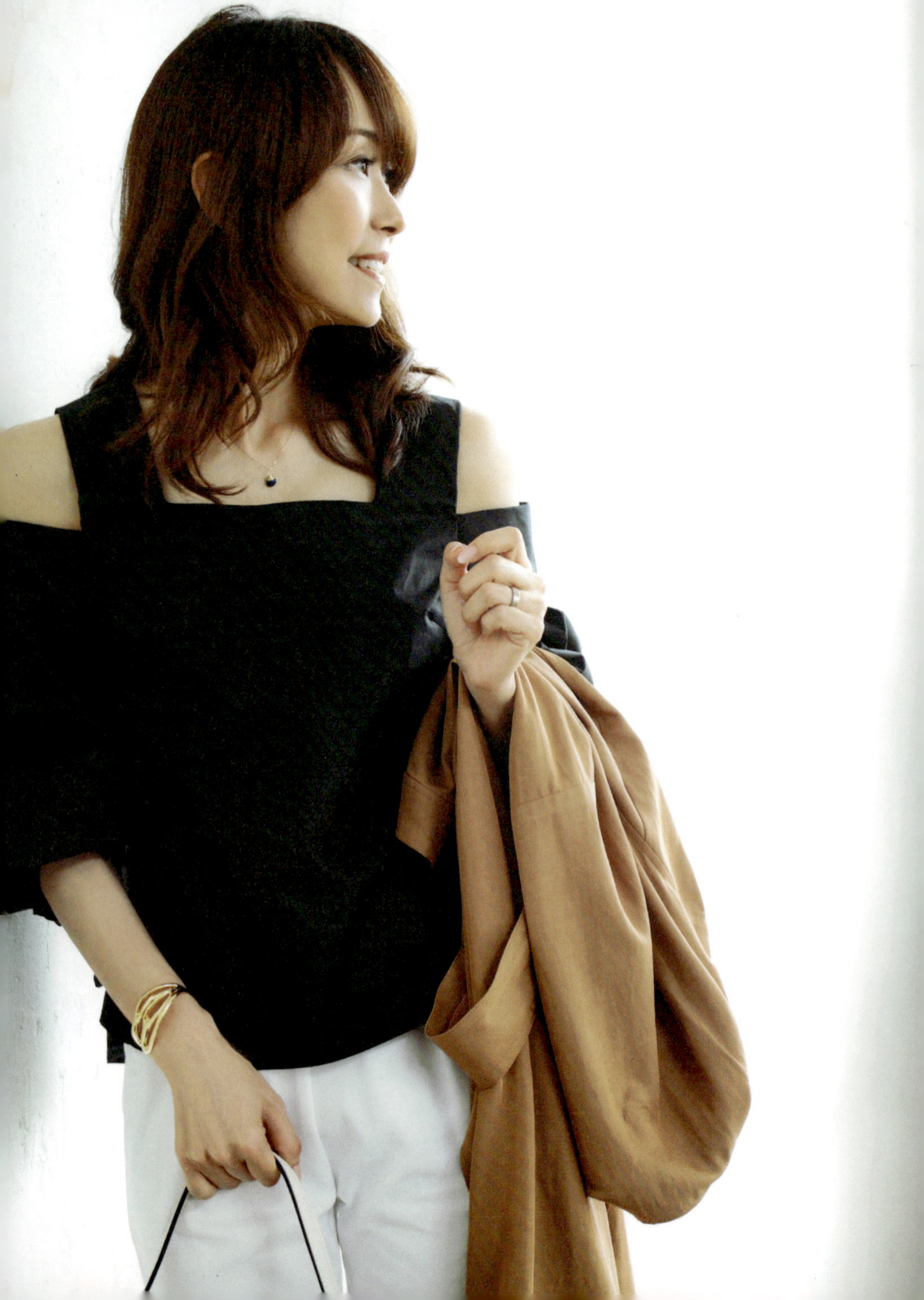

「着回せるだけでなく、
大人の体が
キレイに見えること」

akko3839

「流行やブランドより
自分らしさが
大人にとって大切」

akko3839

「配色や着こなし方で
印象が変えられる。
だからシンプル服が好き」

akko3839

CHAPTER 01

基本の8着で
人生が変わる
大人シンプル着回し
［秋冬編］

akko's Styling Autumn & Winter

体がきれいに見えるシルエットやこなれ感、
そして大人に似合うほんの少しの今っぽさ。
そんな条件をクリアした、ここ数年、
活躍度がいちばん高いアイテムを選びました。

akko3839

人生が変わる8大着回し基本服

秋冬編

black tulle skirt, gray v neck-knit, monotone check shirt, black turtle knit, beige's gaucho pants,
denim jacket, white ensemble knit, vest of gray

02 /08

グレーのVネックニット
⎯⎯→ page_018

03 /08

モノトーンの
チェックシャツ
⎯⎯→ page_020

01 /08

黒のチュールスカート
⎯⎯→ page_016

04 /08

黒のタートルニット
⎯⎯→ page_022

05 / 08
ベージュの
ガウチョパンツ
⎯→ page_024

07 / 08
白の
アンサンブルニット
⎯→ page_028

06 / 08
デニムジャケット
⎯→ page_026

08 / 08
グレーのベスト
⎯→ page_030

Styling Pattern 1

**オールブラックに
素材でメリハリ**

スウェットパーカ、チュール、足
元はエナメル。素材できちんと
メリハリを効かせれば華やか。

———

パーカ／ダブルスタンダード
クロージング（akko3839 コラボ）
バッグ／ジャンニキアリーニ
パンプス／クリスチャン ルブタン

8大着回し基本服 ［秋冬編］ 01

黒の
チュールスカート

☑ 大人はヒザが隠れる長め丈

———

ふんわり、可愛いだけだと若作り。シンプルな黒で、丈
はヒザが隠れた方がシックで、上品に決まります。

スカート／ダブルスタンダード クロージング（akko3839 コラボ）

Styling Pattern 2

冬アウターの
軽さアップに優秀

重くなりがちな冬アウターに、
軽やかなチュールが好相性。
アウターの色は明るめが◎。

─────────

コート／ソブ
ニット／ソブ
バッグ／エルメス
パンプス／マノロ ブラニク

Styling Pattern 3

ふわふわなニットで
さり気なく可愛く

素材使いが甘めな分、配色は
辛めに。ニットは長すぎない
腰丈で、脚長バランスをキープ。

─────────

ニット／ブラーミン
バングル／ガスビジュー
バッグ／ジャンニキアリーニ
パンプス／ペリーコ

Styling Pattern 4

×スニーカーで
抜け感のある好バランス

ヒザが隠れる丈感で脚の長さ
をごまかせるから、スニーカ
ーでもスタイルよく見えます。

─────────

ライダース／ビューティフルピープル
ニット／マリードール
バッグ／ジャンニキアリーニ
スニーカー／ゴールデン グース

Styling Pattern 1

**さり気なく上品な
リラックスコーデ**

ニットの優しい質感が効いて、
カジュアルなのに上品。Vネ
ックと足首見せで軽さを。

―――――

パンツ／ルガー
バングル／エルメス
バッグ／ジミー チュウ
スニーカー／ゴールデン グース

8大着回し基本服［秋冬編］02

グレーの
Vネックニット

☑ 1枚で着こなせるV開きと上質感

―――――

ネックの開きは、インナーが見えないギリギリの深さ。
安っぽく見えない素材使いも、大人の選びには大切。

ニット／マリードール

Styling Pattern 2

Vネック×スキニーで
インをすっきりと

ダッフルコートが重たく見えな
いように、インはVネック×
スキニーの細身Iライン。

———

コート／グレンフェル
デニムパンツ／フレームデニム
バッグ／エルメス
パンプス／クリスチャン ルブタン

Styling Pattern 3

華やぎスカートの
主張をセーブ

クルーネックよりVネックの方
が、スカートのボリュームを抑
えて、よりすっきり見えます。

———

スカート／
ダブルスタンダード クロージング
バッグ／ジャンニキアリーニ
スニーカー／スタニングルアー×
コンバース

Styling Pattern 4

冬の定番ダウンにも
Vネックが好相性

顔まわりに抜けが作れるので、
ダウンもすっきり着こなせま
す。ファーバッグで脱・地味！

———

ダウンベスト／ヘルノ
デニムパンツ／
ダブルスタンダード クロージング
帽子／ミューニック
バッグ／イコット
ブーツ／ジャンヴィト ロッシ

Styling Pattern 1

**黒の重さも地味感も
腰巻きで解決**

特に細身ボトムをはくと気に
なるヒップやお腹まわりもカ
バーできて一石二鳥なんです。

———

ライダース／
ビューティフルピープル
ニット／ソブ
バッグ／エルメス
スニーカー／スタニングルアー
×コンバース

8大着回し基本服［秋冬編］03

モノトーンの
チェックシャツ

☑ コンパクトな形ですっきり見せる

———

無地ばかりになりがちな秋冬のスパイスアイテム。合わ
せやすさで行きついたのが、モノトーン・チェックです。

シャツ／アラアラ

Styling Pattern 2

きれい色スカートの
1点浮きを回避

チェックシャツに目線が集まる分、コーデの重心が上がってバランスよく決まります。

ライダース／ビューティフルピープル
スカート／クチューム
バッグ／モロコバー
スニーカー／スタニングルアー
×コンバース

Styling Pattern 3

レイヤードの
インに効かせて

地味感解消に、チラッと見せるだけでも効果テキメン。黒の堅さを抑えて可愛さもプラス。

カーディガン／ジョン スメドレー
スカート／ダブルスタンダード
クロージング（akko3839 コラボ）
バッグ／ジャンニキアリーニ
スニーカー／ゴールデン グース

Styling Pattern 4

×デニムの定番は
小物で女らしく

フェミニンできれいめな小物使いでカジュアル感を抑えて。アウターもかっちりデザイン。

コート／モロコバー
デニムパンツ／ザラ
バッグ／ジャンニキアリーニ
パンプス／クリスチャン ルブタン

Styling Pattern 1

シャツワンピースと簡単レイヤード

デニムカジュアルを、レイヤードでセンスアップ。アウター感覚でラフにはおって。

———

ワンピース／ザラ
デニムパンツ／ザラ
バッグ／ジャンニキアリーニ
ブーツ／ジャンヴィト ロッシ

8大着回し基本服［秋冬編］**04**

黒の
タートルニット

☑ 体の線を強調しないほどよいゆとり

———

落ち感のあるリブニットで、細身だけどぴったりしすぎません。ネックも、少し隙間ができるくらいのゆとりあり。

ニット／ソブ

Styling Pattern 2

柄ボトムで遊んで
エスニックな変化球

バッグはブルー系、靴はブラウ
ン。パンツの柄から色を引っ張
った小物使いでまとまります。

———

パンツ／ソブ
バングル／エルメス
バッグ／フルラ
パンプス／ペリーコ

Styling Pattern 3

フレアースカートと
文句なしの名コンビ

甘すぎると子供っぽいので、
レザーライダースやハイヒール
で"カッコいい女"方向に。

———

ライダース／アラアラ
スカート／ガリャルダガランテ
バッグ／ジャンニキアリーニ
パンプス／クリスチャン ルブタン

Styling Pattern 4

上下ブラックを
小物で立体メイク

ベルトはマスト。白バッグど素
足にパンプス"で立体感を。バ
ングルのツヤもポイント。

———

デニムパンツ／
タヴァニティ ソー ジーンズ
ベルト／メゾン ボワネ
バングル／ガスビジュー
バッグ／ジャンニキアリーニ
パンプス／マノロ ブラニク

Styling Pattern 1

**優しい配色を
アウターで引きしめ**

素材使いもあたたかみのある
シャギーニット×スエード調ガ
ウチョで、秋冬流シンプル。

———

コート／モロコバー
ニット／ブラーミン
バッグ／ジャンニキアリーニ
パンプス／マノロ ブラニク

8大着回し基本服 ［秋冬編］ **05**

ベージュの
ガウチョパンツ

☑ 広がりすぎない形と美脚をかなえるタック

———

タックが脚をすっきり見せるだけでなく、腰まわりもカバー。
スエード調の素材で、コーデにメリハリを。

ガウチョパンツ／ソブ

Styling Pattern 2

足元の差し色で
ちょっと遊んで

細身ニットをイン。着こなしやすい定番コーデを"差し色グリーン"でセンスアップ。

―――――

ライダース／アラアラ
ニット／ユニクロ
バッグ／ジミー チュウ
パンプス／ファビオ ルスコーニ

Styling Pattern 3

シンプル美人な
×カシュクールニット

胸開きの広いカシュクールニットに、パンツの質感も効いて、シンプルでも存在感抜群。

―――――

ニット／ソブ
バングル／エルメス
バッグ／ジャンニキアリーニ
ブーツ／ジャンヴィト ロッシ

Styling Pattern 4

遊び感のある
デザインコートで冒険

ボタンを留めてニット風に着たカーディガンをインして、コンサバな大人の気品をキープ。

―――――

コート／ソブ
カーディガン／ブラーミン×
ジョン スメドレー
バッグ／フルラ
パンプス／ジュゼッペ・ザノッティ

Styling Pattern 1

あいまいな配色を デニムが引きしめる

グレー×ブラウンの秋らしい
配色。デニムジャケットが地
味感を消してくれます。

———

ニット／ソブ
スカート／ガリャルダガランテ
バッグ／ジャンニキアリーニ
パンプス／ペリーコ

8大着回し基本服［秋冬編］06

デニムジャケット

☑ 軽さと立体感を出せる色落ちブルー

———

これは、見た目はデニム、着心地はニットのような "デ
ニット" なんです。淡い色みは差し色としても便利！

デニムジャケット／ジミー タヴァニティ

Styling Pattern 2

おしゃれ見えする
ブルーとグレーを基調に

ジャケットとスカートをブルー
系、トップスと小物はグレー。
素材のメリハリ感が大切です。

カーディガン／ブラーミン×
ジョン スメドレー
スカート／ブリスポイント
バッグ／モロコバー
スニーカー／コンバース

Styling Pattern 3

冬本番は
コートとレイヤード

コートからほんの少しのぞか
せるだけでも印象的。インは
黒Iラインですっきりと。

コート／ベアトリス
カットソー／ソブ
デニムパンツ／フレームデニム
バッグ／ジャンニキアリーニ
ブーツ／ジャンヴィト ロッシ

Styling Pattern 4

秋冬だからこそ映える
淡いトーンで

小物でパンチを投入。ワンピ
ースと同系色でそろえれば、主
張強めでも浮かずにしっくり。

ワンピース／ソブ
帽子／ジャネッサレオン
バッグ／ジャンニキアリーニ
ブーツ／ジャンヴィト ロッシ

Styling Pattern 1

ダメージデニムで
こなれ感をプラス

ハードな印象のダメージデニ
ムと正反対のテイストミック
スで、モノトーンを印象的に。

———

デニムパンツ／ザラ
バングル／エルメス
バッグ／ジャンニキアリーニ
パンプス／クリスチャン ルブタン

8大着回し基本服［秋冬編］**07**

白の
アンサンブルニット

☑ クルーネックのカーデ＆半そでニット

———

きれいめにもカジュアルにも着こなせる着回しの強い味
方。長く愛用したいので、上質でベーシックなものを。

アンサンブルニット／ブラーミン×ジョン スメドレー

Styling Pattern 2

トレンドボトムを
受け止める

きれい色のワイドパンツも、
アンサンブルニットとなら上品
で、頑張りすぎないバランス。

―――

パンツ／オペーク ドット クリップ
バングル／エルメス
バッグ／エルメス
パンプス／ペリーコ

Styling Pattern 3

×インディゴデニムは
みんなに好感度◎

好感の秘訣は、デニムがきれ
いめだから。大人の品の良さと、
ほどよいカジュアル感を両立。

―――

デニムパンツ／エージー
ベルト／メゾン ボワネ
バングル／ガスビジュー
バッグ／ジャンニキアリーニ
ブーツ／ジャンヴィト ロッシ

Styling Pattern 4

モードなパンツも
親しみやすい印象に

インパクトのある立体プリーツ
のパンツをなじませます。足
元はスニーカーで力を抜いて。

―――

パンツ／アンスリード
バングル／エルメス
バッグ／モロコバー
スニーカー／スタニングルアー
×コンバース

Styling Pattern 1

黒Iラインコーデに 1点効かせ

黒の地味感も重さも解消。ベストをはおることで、インがほっそり見える視覚効果も。

———

ニット／ソブ
デニムパンツ／
タヴァニティ ソー ジーンズ
バッグ／エルメス
ブーツ／ジャンヴィト ロッシ

8大着回し基本服［秋冬編］08

グレーのベスト

☑ 野暮ったく見えない旬の素材使い

———

ムートン＝一見、難易度が高そうでも、意外とどんなトップスにも好相性。丈が長いと重いので、腰下の短め。

ベスト／ソブ

Styling Pattern 2

薄手シャツワンピに
はおって秋も活躍

シャツやシャツワンピースとも
相性抜群。足元を黒で引きし
めて、印象がぼやけないように。

ワンピース／ザラ
サングラス／ザラ
バッグ／ジャンニキアリーニ
ブーツ／シャネル

Styling Pattern 3

ヌーディカラーの小物で
女らしさと軽さを

一歩間違えると野暮ったく見
えてしまうデニムとのコーデ
は、小物で脱・カジュアル。

ニット／エレンディーク
デニムパンツ／エージー
バッグ／エルメス
パンプス／ペリーコ

Styling Pattern 4

トップス→ボトムを
なじませるつなぎ役

デニムブラウスと黒パンツ。
コントラストが強い配色を、グ
レーのベストがほどよく中和。

ブラウス／モロコバー
パンツ／フラスク
バッグ／ジャンニキアリーニ
ブーツ／ジャンヴィト ロッシ

秋冬コーデ「なんか素敵のコツ」

インスタから紐解く

配色が重くなり、アウターをはおったり、レイヤードが増える秋冬の着こなしで
大切にしているのは、着ぶくれしないこと。

Technique

01

きれいに見えるネックライン選び

Vネックやクルーネックの開き方、タートルのつまり具合。ちょっとの差で、顔まわりがすっきり見えます。

---

akko's Select

①

【Vネック】

↓

目安は鎖骨の下に こぶしひとつ分の開き

肩や胸元からインナーが見えるとだらしなく、逆に開きが狭すぎると男っぽい印象に。1枚で着られるギリギリの深さを吟味。

---

akko's Select

②

【クルーネック】

↓

深めUネックより 狭めなクルーが上品

深めのUネックや横に開きが広いボートネックより、上品に決まります。鎖骨の出っ張った部分が見える程度の開きがキレイ。

---

akko's Select

③

【タートルネック】

↓

フェイスラインに かぶる程度のゆとり

ぴたぴたのタートルは顔が大きく、肩幅もがっちり見えます。タートルの折り返しがフェイスラインに少しかぶるくらいが◎。

Technique

02

ボトムに合わせた足元コーディネート

パンプスかブーツか、素足ではくか、タイツか。ボトムに合わせてベストなバランスを考えます。

[ヒザ下丈スカート]
×
[黒タイツ]
×
[ヒールパンプス]

スカートの長さ、ボリュームとケンカせず、すっきり。タイツはマットな80デニールの黒を愛用。

[アンクル丈パンツ]
×
[細みブーティ]

パンプスだと、足首が見えて秋冬は寒々しく見えるので。ゴツめは避けて、トウが細いすっきりとした形を。

[スキニーパンツ]
×
[ロングブーツ]

歩きやすくて、全身のバランスも取りやすい定番。トラッドな乗馬ブーツ風なら、カジュアルすぎず上品。

[ワイドパンツ]
×
[甲浅パンプス]

ポイントは甲浅。素足が少し見えることで抜け感が出て、ワイドパンツがバランスよく決まります。

Technique
03

奥行きを出すレイヤードテク

コーデに立体感が出て、シンプルな着こなしも印象的に変わります。なかでも特に簡単な3テク。

［ ベスト ］
×
［ シャツワンピース ］

シャツワンピースのかっちり感を、ムートンベストで着崩すイメージ。軽くてあたたかい実用性も◎。

ワンピースは
長すぎると重いので
ヒザ丈まで

［ チェスターコート ］
×
［ ライダース ］

ライダースは少し見せるだけでOK。アウター×アウターで重量感があるので、インはTシャツで極端に軽くする方がおしゃれ。

袖からも
ライダースを見せると
好バランス

コートより
濃い色みのニットで
印象を引きしめ

∨

［ ノーカラーアウター ］
×
［ タートルトップス ］

クルーネックやVネックだと顔まわりがスカッとして、さみしい印象に。タートルネックがベストです。

デニムカジュアルの
脱・地味にお役立ち

迷ったら、どんな定番色とも
相性がいいグレー。大きめの
クラッチバッグは収納力も◎。

———

ニット / ブージュルード
デニムパンツ / ディースクエアード
バッグ / ティティベイト
パンプス / ザラ

Technique
04

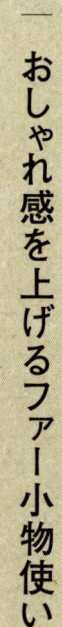

おしゃれ感を上げるファー小物使い

プチプラだし、ひとつでメリハリがつくので、地味色
や無地コーデばかりになりがちな人にもおすすめ。

ワントーンコーデ
のアクセントに

ミックスカラーやボーダーな
ど、インパクトのある柄ファー
も、定番色なら合わせやすい。

———

ニット / バナナ・リパブリック
スカート / ガリャルダガランテ
バッグ / ティティベイト
パンプス / マノロ ブラニク

ファーバッグで
ほんの少し可愛げを

ぽってりとした大きめファーバ
ッグでコーデに遊び感を。シ
ック色で大人っぽさをキープ。

———

ニット / ユアーズ
スカート / ラジエル
バッグ / ティティベイト
パンプス / ペリーコ

秋冬アウター この3アイテムがあれば！

年齢や流行に関係なく長く使えることと、着心地にこだわって選びました。
それぞれ表情が違う3着で、どんなスタイルにも対応できます。

01 / 03

グレーのチェスター

03 / 03

白のダッフルコート

02 / 03

黒のダウンブルゾン

01 / 03

グレーのチェスター

ミディ丈だと古臭く見えてしまうので、ヒザ下の長め丈。
かっちりしすぎないやわらかな素材使いもポイントです。

コート / ソブ

ライダースをインした オールブラックに ラフに肩掛け	デニムの 幅広ロールアップが こなれたアクセント	パーカ×デニムの カジュアルも きれいめな仕上がり
Coordinate Sample 1	*Coordinate Sample 2*	*Coordinate Sample 3*
ライダース / ビューティフルピープル スカート / ダブルスタンダード クロージング (akko3839 コラボ) バッグ / ジャンニキアリーニ パンプス / クリスチャン ルブタン	ニット / ブラーミン デニムパンツ / エージー バングル / エルメス バッグ / エルメス ブーツ / ジャンヴィト ロッシ	パーカ / ダブルスタンダード クロージング (akko3839 コラボ) デニムパンツ / フレームデニム バッグ / ジャンニキアリーニ パンプス / ジュゼッペ・ザノッティ

02 / 03

黒のダウンブルゾン

ちょっとモード感のある、カジュアルすぎないデザイン。
袖の取りはずしが可能なので、着回し力も抜群。

ダウンブルゾン / ヘルノ

ダメージデニムで
黒の重さを抑えて、
辛口カジュアルに

タイトスカートの
女らしさが
ちょうどいい

タートルネックを
インして
縦ラインを強調

Coordinate Sample 1

ニット / ブラーミン
デニムパンツ / エージー
バングル / エルメス
バッグ / ジャンニキアリーニ
ブーツ / ジャンヴィト ロッシ

Coordinate Sample 2

ニット / ジョン スメドレー
デニムスカート / マリベルジーン
バッグ / ジャンニキアリーニ
ブーツ / ジャンヴィト ロッシ

Coordinate Sample 3

ニット / ソブ
デニムパンツ / アクネ ストゥディオズ
バッグ / モロコバー
ブーツ / シェパード

03 / 03

白のダッフルコート

あえて白を選びました。はおるだけで、どんなシンプル
コーデも明るく、印象的に変わるお気に入り。

コート / グレンフェル

大好きな冬の白。
足首を少し見せて
抜け感を

冬だからこそ
差がついて映える
淡いトーンで

レディライクな
小物使いで
大人に格上げ

Coordinate Sample 1

Coordinate Sample 2

Coordinate Sample 3

ニット / マリードール
デニムパンツ / アクネ ストゥディオズ
バッグ / ジャンニキアリーニ
パンプス / ペリーコ

ワンピース / ソブ
バッグ / エルメス
ブーツ / ジャンヴィト ロッシ

ニット / ティティベイト
デニムパンツ / ザラ
スカーフ / ザッカボックス
バッグ / ザッカボックス
パンプス / ザラ

CHAPTER 02

定番色を最高に
センスよく見せる
6つのルール

akko's Basic Color Styling

黒、白、グレー、ベージュ、デニムカラーが
私の基本色。地味すぎたり、いろいろ失敗も
してきたなかで、センスよく見せるために
自分なりに見つけた着こなしのルールです。

akko3839

SIMPLE MONOTONE ［シンプル・モノトーン］

「モノトーンならどう着ても 上品に見えます」

私にとって、白と黒は定番色のなかでも別格。年齢とともに似合わなくなったり、気分で着なくなったりしないから、モノトーンには絶対的な安心感があります。たとえば「黒が少し重いから白を足そう」とか「甘めな白を着たいから、黒で引きしめよう」とか。モノトーンならバランスの取り方が簡単で、いつでも上品。

Monotone Styling Pattern 1

Point ①

縦を強調できるリブニットをインナーに使って白の着太り感を防止

Point ②

ダッフルコートのボタンや小物で黒をちらしてコーデにメリハリを

Point ③

ボトムは黒スキニーですっきり、コンパクトにまとめれば美ボディ

Monotone Styling Pattern 2

[a]

Monotone Styling Pattern 3

[b]

Monotone Styling Pattern 4

[c]

Monotone Styling Pattern 5

[d]

[a]
□ 透け感のあるカシュクールトップスで女らしさを
□ ボトムはダメージのないきれいめ黒スキニー
□ トップスのテンションに合わせて小物もレディライクに

[c]
□ ボリューム感のある黒のチュールスカートが主役
□ リブニットならワンツーコーデでもほどよい存在感
□ 素足にヒールパンプスの足元で抜け感がアップ

[b]
□ にごりのないパキッとした白スキニーでシャープに
□ パンツが細身の分、ニットのざっくり感でメリハリを
□ ストール＆ファーバッグでシンプルすぎないアクセント

[d]
□ 女らしさとトレンド感をあわせ持つ黒のヒザ丈タイト
□ ゆるめの白ニットで上半身に重心を。前裾だけ軽くイン
□ 秋冬らしいカラーのバッグ＆ストールで脱・コンサバ

Monotone Styling Pattern 6

[a]

Monotone Styling Pattern 7

[b]

Monotone Styling Pattern 8

[c]

Monotone Styling Pattern 9

[d]

[a]
□ 黒スキニー×黒ニットの細身Iラインですっきり
□ インを華奢に見せるリラックスシルエットの白コート
□ ディテールの効いたショートブーツで脱・地味

[b]
□ 縦を強調して、脚をまっすぐに見せるプリーツガウチョ
□ ボトムの軽さをシンプルなダークカラーニットで抑えて
□ 華奢なヒールサンダルで春夏らしい抜け感と女らしさ

[c]
□ 黒×細プリーツで流行のワイドパンツをシックに
□ 白のVネックニットと素足見せで軽さを演出
□ ファーつきバッグでコーディネートにアクセントを

[d]
□ 楽ちんなはき心地の薄手のとろみリブパンツが軸
□ シンプルなハイゲージニットでコンサバに振る
□ 小物もリブパンツのリラックス感を抑えるきれいめを

Monotone Styling Pattern 10

Monotone Styling Pattern 11

[e]

[f]

Monotone Styling Pattern 12

Monotone Styling Pattern 13

[g]

[h]

[e]
□ 可愛めなデザイントップスも白ならすっきりとした甘さ
□ 黒のダメージスキニーでトップスの甘さをセーブ
□ 足元にもボリューム感を出すと、トップスと好バランス

[g]
□ 二の腕がほどよく隠れるケープ袖のニットで上品モードに
□ 黒スキニーをロールアップなしではいて脚長を強調
□ 太バングルとかっちりバッグ。小物の立体感で華奢見せ

[f]
□ 細身ニット×ダウンベストのメリハリ白レイヤード
□ 黒スキニーで引き算。ボリューム感をそぎ落として
□ 中間色グレーの帽子＆バッグで引きしめてまとまり感を

[h]
□ グレイッシュホワイトのスカートでニュアンス出し
□ 細身オフショルダーで上半身をコンパクトに、軽く
□ ファーバッグとスエードパンプスの小物でメリハリ

MODE
GRAY ［モード・グレー］

「おしゃれ感アップには 〝ちょっと遊んだグレー〟」

グレーは、コンサバにもモードにも振れる色。コンサバなグレーも好きだけど、どちらかというと、おしゃれにパンチを出したい時に、モード感のあるアイテムで取り入れることが多いかも。ファーつきのトップスも、メタリックなスカートも、グレーならやりすぎなくて大人。パーティやイベントコーデにも使えます。

Mode Gray Styling Pattern 1

Point ①

トゥマッチな大きさが可愛いファーポケットつきのコートが主役

Point ②

インはタートルネックが◎。重心が首元までグッと引き上がります

Point ③

細身の黒パンツ×パンプスで素足を見せて、足元を軽やかに

Mode Gray Styling Pattern 2

[a]

Mode Gray Styling Pattern 3

[b]

Mode Gray Styling Pattern 4

[c]

[a]
□ メタリックなインパクトスカートを細プリーツで品よく
□ ざっくりニットをインして、カジュアルな素材ミックス
□ タイツとパンプスも同系色でまとめると、よりすっきり

[b]
□ 上品なハイゲージニット×ファーをギャップで印象的に
□ ボトムはダメージのないシンプル黒スキニーで引き算
□ チェーンバッグで女っぽさを。足元は主張ひかえめ

[c]
□ ふわもこトップスは濃いめのグレーで大人感をキープ
□ シンプルすぎないブーツでトップスの1点浮きを防止
□ トーンを合わせたメタリックバッグで女らしいツヤ感を

WHITE &
WHITE ［ホワイト＆ホワイト］

「地味色に飽きたら
オールホワイトで気分転換」

体型も汚れも気になるし、正直、かなり緊張感のある配色（笑）。だから多用はしません。でも、たまに着る "オールホワイト" はインスタグラムでも好評で、定番色なのに周囲の記憶に残るインパクト。自分自身の気持ちも凛とする配色です。いつでも白をスタイルよく、美人に着こなせる人でいたいなと思います。

White & White Styling Pattern 1

Point ①

甘めなミルキーホワイトも、かっちりとしたウールコートなら大人

Point ②

上半身のまろやかな白とメリハリがつく、クリーンな白スキニー

Point ③

白になじむピンクベージュの靴とバッグで、優しいまとまり感

White & White Styling Pattern 2

[a]

White & White Styling Pattern 3

[b]

White & White Styling Pattern 4

[c]

[a]

□ 存在感のある太リブのゆるニットで縦ラインを強調
□ 黒のロングブーツをインして、脚を引きしめ
□ 小物でさらに黒をプラスして、ブーツとなじませて

[b]

□ オフショルのデザインニットは、腰丈ですっきり
□ 女らしいニットと真逆の辛口ダメージデニムでメリハリ
□ 素材感が目を引くバッグとパンプスで脱・地味

[c]

□ スカートよりワントーン落ち着いたオフ白ニットで優しく
□ バッグの色が重いとちぐはぐ。白コーデになじむグレーが正解
□ 差し色は、スカートの柄から色を引っぱったきれい色パンプス

FEMININE BEIGE ［フェミニン・ベージュ］

「ベージュは脱・シンプル。華やかで女性らしく」

地味に見えたり、着太りしたり。そんな失敗を何度も繰り返してたどり着いたのが、フェミニン・ベージュ。たとえば透け感や光沢のある素材使い、ウエストリボンのようなメリハリの効くディテール etc.。素材も形もシンプルだと普通すぎてしまう。女性ならではの華やぎで、ベージュは印象的に変わります。

Beige Styling pattern 1

Point ①

細プリーツのスカートなら、淡いベージュでものっぺり感なし

Point ②

ベージュコーデがぼやけないように、インはあか抜ける白ニット

Point ③

スカートと同系色のアウターできちんと。ショート丈が好バランス

Beige Styling pattern 2

[a]

Beige Styling pattern 3

[b]

Beige Styling pattern 4

[c]

[a]

□ 光沢×とろみで肌になじみすぎないベージュブラウス
□ ニットストールでメリハリを効かせたグラデーション
□ 黒スキニーの引きしめをはさんで、足元はベージュに戻る

[b]

□ 立体感のあるリブでベージュニットの着太りを回避
□ ジャケットとタイツで、上下に黒を効かせて引きしめ
□ 体のラインから意識をそらすインパクトのある小物使い

[c]

□ チュールスカートは甘すぎず大人に決まるくすみベージュ
□ トップスと足元を全部黒でまとめると、すぐ引きしまる！
□ 素足見せとたくし上げた袖が抜け感アップのコツ

Beige Styling pattern 5

[a]

Beige Styling pattern 6

[b]

Beige Styling pattern 7

[c]

[a]
□ センタープレスと張り感のある素材使いが着やせの味方
□ 細身シンプルなトップスをインして、ウエストマーク
□ 小物のツヤ感で、ヌーディな配色にメリハリが生まれる

[b]
□ スキッパーデザインのブラウスで顔まわりをシャープに
□ 腰まわりも脚のラインも隠してくれるギャザースカート
□ エアリーな着こなしをボリュームサンダルで安定させて

[c]
□ コートは、ハンサムだけど女らしいなめらかな素材使い
□ インはメリハリがつけやすいモノトーンでまとめて
□ Ｖネックと手首、足首。コートの重さは肌見せで解消

Beige Styling pattern 8

[d]

[d]
□ ボックスプリーツですっきり見えするロングスカートを
□ 張り感のあるシャツでメリハリ。ラフに着崩してこなれ感を
□ 春夏に持つファークラッチのシーズンミックスで印象的に

[e]
□ アシンメトリーなボリュームスカートでベージュを主役に
□ スカートとケンカしない白のシンプルニットで軽やかに
□ 足元に色をプラス。黒ジャケットも引きしめに効果的

[f]
□ メリハリが効いて、脚長に見せるハイウエストリボン
□ カーデとパンツの "黒サンド" でキュッとしまって華奢見え
□ ロールアップで足首を見せれば春夏らしい軽快バランス

Beige Styling pattern 9

[e]

Beige Styling pattern 10

[f]

SPICY INDIGO ［スパイシー・インディゴ］

「カジュアルダウンには
ダメージデニムが万能」

ゆるいデニムはバランスが難しいけど、細身のダメージデニムなら、合わせやすく、脚もきれいに見えて、かつ、簡単にカジュアルダウンできます。ハードなダメージデニムは苦手な方も多いかもしれません。でも大人の女性がはくことで、新鮮で、少し色っぽくも映る。シンプルトップスの脱・地味にも最適です。

Indigo Styling Pattern 1

Point ①

ニットの前裾だけをデニムにイン。今っぽいこなれ感が出せます

Point ②

裾カットオフデザインのダメージデニムで普通すぎないインパクト

Point ③

大判ストールのラフ巻きは、重心アップと小顔効果のいいとこ取り

Indigo Styling Pattern 2

[a]

Indigo Styling Pattern 3

[b]

Indigo Styling Pattern 4

[c]

[a]
□ トップスは黒のツインニットでコンパクト＆上品に
□ ハードなダメージデニムでコンサバ感をそぎ落とす
□ フェミニンな小物使い。色を効かせると華やぎもアップ

[b]
□ ジャケットコート×チェックシャツでマニッシュに
□ ひかえめなダメージ感のスキニーで着崩しすぎない
□ シャツに合わせて小物は白と黒。きちんと、女らしく

[c]
□ ニットはにごりのないまっ白。だからシンプルなのに印象的
□ デニムのダメージ感で媚びないヘルシーバランスに
□ ファーバッグとピンクパンプスの甘さがニットとマッチ

Indigo Styling Pattern 5

Indigo Styling Pattern 6

Indigo Styling Pattern 7

[a]

[b]

[c]

[a]
□ 落ち感のあるローゲージニットは華奢に見せる定番
□ 透け感のあるニットとダメージデニムの相乗効果で軽やか
□ 差がつく決め手はファーバッグ。遊び小物でセンスアップ

[b]
□ あえてフォーマルにも使えるきれいめ黒ブラウス
□ すれたような白っぽい色落ちが脚をシャープにメイク
□ 夏色スカーフとハット。定番コーデを小物で遊んで

[c]
□ トップスはシフォンブラウスで春夏らしい軽さを
□ 黒の分量が多めな日は、明るい水色ダメージデニム
□ ベルト、バングル、バッグ、靴。すべて黒のまとまり感

Indigo Styling Pattern 8

[d]

[d]
□ 色でまとまり感、素材でメリハリをつけたカーデ＆バッグ
□ 黒インナーで目線を内側に引き寄せて、着太りを回避
□ スタイルアップの秘訣は、ウエストをきちんと見せること

[e]
□ 思い切り甘めなトップスも、きれいめな素材使いで大人
□ 甘さを抑えて、脚も引きしまる濃い色のダメージデニム
□ バッグもきれい色で遊び感を。その分、足元はすっきり

[f]
□ Tシャツは、体がほどよく泳ぐサイズ感で華奢に見せる
□ 存在感のある色落ちブルーのダメージデニムで脱・地味
□ コンサバな黒小物を効かせてカジュアル感をセーブ

Indigo Styling Pattern 9

[e]

Indigo Styling Pattern 10

[f]

COLOR
MIX ［きれい色ミックス］

「きれい色アイテムには 白と黒があれば失敗なし」

「たまにはきれい色を着たい！」そんな気分の日に頼れるのは、やっぱり白と黒。私の場合は、カラーボトムに、定番の白 or 黒トップスという着こなしが多いのですが、トップスできれい色を取り入れる場合も同じ要領。白か黒の定番ボトムでなじませれば、どんな色も、大人で上品にまとまります。

Color Mix Styling Pattern 1

Point ①

深みのある大人のピンクと繊細なプリーツ使いでレディライクに

Point ②

引きしめは万能・黒ライダースで。甘めな色とは特に相性抜群

Point ③

バッグと靴はシンプルにまとめて、ファーティペットでアクセント

Color Mix Styling Pattern 2

[a]

Color Mix Styling Pattern 3

[b]

Color Mix Styling Pattern 4

[c]

Color Mix Styling Pattern 5

[d]

[a]
□ トップスと足元は黒でまとめてスカートを引き立たせて
□ スカートだけが浮かないように、＋派手色ファーバッグ
□ 配色のコントラストをなじませる＋αのデニムジャケット

[b]
□ 長めのきれい色スカートは"細身黒"ですっきり着こなす
□ スカートと同色のイエローミックスなスカーフで目線上げ
□ 足元はグリーン。プレーンなパンプスならやりすぎ感なし

[c]
□ 張りのある白×薄軽ブルー。涼感配色は素材でメリハリ
□ バイカラーのパンプスとラメバッグで印象を引きしめて
□ 白とブルーになじむニュアンスカラーのストールで優しく

[d]
□ 淡いきれい色には、黒より優しいメリハリの白が好相性
□ 実はスカーチョだから、エアリーピンクでも甘すぎない
□ ボトムとグラデーションにした足元はツヤ感もポイント

CHAPTER 03

基本の8着で
人生が変わる
大人シンプル着回し
［春夏編］

akko's Styling Spring & Summer

薄着になる分、春夏はどうしても
コーディネートが単調になりがちだから、
ざっくり、エアリー、ツヤ感、etc.。
素材バリエで、着こなしの幅を広げます。

akko3839

人生が変わる8大着回し基本服

beige low-gage knit, white gathered skirt, black and white plain cut saws, black easy pants, white shirt, beige sleeveless knit, white tack pants, gray sweat parka

01 / 08
ベージュのローゲージニット
—→ page_064

03 / 08
黒と白のプレーンカットソー
—→ page_068

02 / 08
白のギャザースカート
—→ page_066

04 / 08
黒のイージーパンツ
—→ page_070

05 / 08
白シャツ
⟶ page_072

07 / 08
白の
タックパンツ
⟶ page_076

06 / 08
ベージュの
ノースリーブニット
⟶ page_074

08 / 08
グレーの
スウェットパーカ
⟶ page_078

Styling Pattern 1

クリーンな白ボトムで
あか抜けて、軽やか

白ボトムでベージュのくすみ感
を一掃。にごりのない、明る
い白を選ぶのがポイントです。

———

パンツ／フラスク
ベルト／メゾン ボワネ
バッグ／エルメス
パンプス／ペリーコ

8大着回し基本服［春夏編］01

ベージュの
ローゲージニット

☑ Vネックと落ち感が選びのキモ

———

素肌になじみすぎると、地味で、老けた印象に見えてし
まうので、あえてざっくりとしたカジュアルな質感を。

ニット／ブラージュ

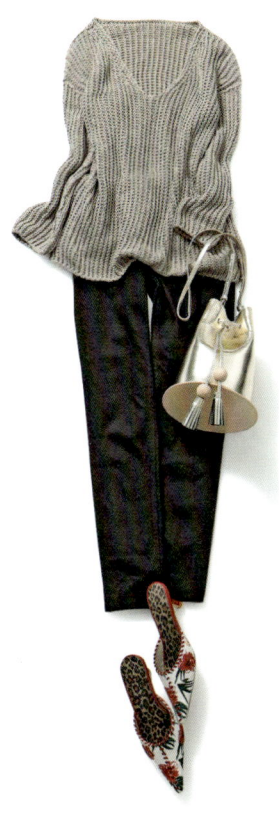

デニムカジュアルを
ベージュの力で品よく

Styling Pattern 2

ニットはデニムに軽くイン。ウ
エストを見せた方が、脚が長
く、スタイルよく見えます。

───────

デニムパンツ／ザラ
ベルト／メゾン ボワネ
バッグ／エレンディーク
パンプス／ペリーコ

トレンド感高めの
ワイドパンツ合わせ

Styling Pattern 3

全身ゆるめのトレンドコーデ
は、特に素材のメリハリを強く。
シフォンのパンツで軽やかに。

───────

ガウチョパンツ／カリテ
帽子／クッチロアンドシー
バッグ／エルメス
サンダル／オゾック

時短で決まる!
シンプル×派手小物

Styling Pattern 4

×黒スキニーの鉄板コーデ。小
物は、強い色柄の方が全身の
印象がキュッと引きしまります。

───────

パンツ／タヴァニティ ソー ジーンズ
バッグ／エレンディーク
ミュール／アメリ ヴィンテージ

Styling Pattern 1

**カラフルバッグで
決めすぎない抜け感を**

かっちりまとめるのもありだけ
ど、あえて、キャッチーなメッ
シュバッグが春夏ならでは。

Tシャツ／ユニクロ
バッグ／エレンディーク
サンダル／ペリーコ

8大着回し基本服［春夏編］**02**

白の
ギャザースカート

☑ きれいめな素材感とヒザ下丈で大人に

———

甘さが強いアイテムなので、大人に決まるヒザ下丈。素材
もレースやシフォンは避けて、コットンベースでシンプルに。

スカート／ダブルスタンダード クロージング

"手持ちGジャン"で
コーデに奥行きを出す

Gジャンをプラスしたことで、
立体感が生まれて、印象的に。
腰巻きや肩掛けでも OK。

カットソー／ユニクロ
Gジャン／モロコバー
バッグ／エルメス
パンプス／クリスチャン ルブタン

王道のパーカ合わせも
ヒザ下丈なら大人

パーカは、ジッパーを閉めて
1枚で着ます。これがもたつ
かず、バランスよく見せるコツ。

パーカ／
ダブルスタンダード クロージング
バッグ／グレートバッグコー
スニーカー／コンバース

バカンス小物で遊ぶ
初夏のモノトーン

全体的に配色を抑えて、品よ
く。オフショルダーのトップ
スでさり気なく女性らしさも。

カットソー／ソブ
バッグ／シソラス. セレクト
サンダル／オゾック

Styling Pattern 1

**トレンチのボリュームを
"白"で軽やかに**

カットソーの色が暗めだと、沈
んで見えてしまいます。白に目
線が集まる分、重心もアップ。

コート／アクアスキュータム
パンツ／アラアラ
バッグ／ジャンニキアリーニ
パンプス／ペリーコ

8大着回し基本服［春夏編］03

黒と白の
プレーンカットソー

☑ **細身すぎず、1枚で着られること**

ピタピタすぎず、ゆるすぎず、体がほどよく泳ぐサイズ感。
黒と白、2色そろえておけば、どんなスタイルにも活躍。

カットソー／ともにジェームス パース

Styling Pattern 2

時間がない日は
やっぱりデニムと!

カットソーの裾はデニムに軽
くイン。小物もきれいめを選
べば、手抜きに見えません。

———

デニムパンツ／
タヴァニティ ソー ジーンズ
ベルト／メゾン ボワネ
バッグ／フルラ
パンプス／ジュゼッペ・ザノッティ

Styling Pattern 3

ジャケットの
カジュアルダウンに

ジャケットは、かっちりまとめ
すぎると古臭く見えるので、白
カットソーの抜け感がマスト。

———

ジャケット／ザラ
パンツ／バッカ
バッグ／エルメス
パンプス／クリスチャン ルブタン

Styling Pattern 4

トレンドボトムの
なじませ役に優秀

"普通の黒カットソー"を合わ
せることで、頑張ってる感が抜
けて、大人の余裕が生まれます。

———

ワイドパンツ／エレンディーク
バングル／エルメス
バッグ／ジミー チュウ
サンダル／エルビオ・ザノン

Styling Pattern 1

**甘めなトップスで
フェミニンに**

パンツのスポーティ感が、トップスの甘さをほどよくなじませて、嫌味のない女らしさに。

カットソー／パシオーネ
バッグ／ジミー チュウ
パンプス／ペリーコ

8大着回し基本服［春夏編］04

黒の
イージーパンツ

☑ シンプルデザインですっきり見せる

———

ウエストゴム×ジャージー素材で楽ちん。黒ならカジュアルすぎず、上品にも使えるので、着回しの幅が広がります。

パンツ／アラアラ

Styling Pattern 2

デニムの素材感を
効かせてメリハリを

デニムやニットのような素材がわかりやすいトップスは、メリハリがつけやすく、相性◎。

ブラウス／モロコバー
バッグ／ジャンニキアリーニ
パンプス／ジュゼッペ・ザノッティ

Styling Pattern 3

白を多めに使って
クリーンな印象に

ストライプシャツから色を引っぱって、小物も白。黒小物より清潔感が上がります。

シャツ／エヌ ドット
バングル／エルメス
バッグ／ジャンニキアリーニ
サンダル／セリーヌ

Styling Pattern 4

×ロングカーデで
今風のシルエットに

ワンツーコーデがもの足りない日は、ロングカーデが簡単に決まって重宝。冷房対策にも！

カーディガン／カリテ
ブラウス／カリテ
帽子／クッチロアンドシー
バッグ／ジャンニキアリーニ
パンプス／クリスチャン ルブタン

Styling Pattern 1

**白シャツのコンサバ感で
カラーパンツを品よく**

同じ白でも、カットソーだとカ
ジュアルすぎ。シャツのきち
んと感がちょうどいい。

———

パンツ／オベークードット クリップ
バングル／ガスビジュー
バッグ／ジミー チュウ
ミュール／ボワソンショコラ

8大着回し基本服［春夏編］05

白シャツ

☑ 肩のフィット感と着丈を吟味

———

肩がきゅうくつで張って見えないこと。また、裾インでも、
出してラフに着てもバランスがいい着丈も大切です。

シャツ／フランク＆アイリーン

Styling Pattern 2

レースキャミで
女らしさをひとサジ

嫌らしく見えないように、キャ
ミソール以外はカジュアル。
足元も厚底サンダルでラフに。

キャミソール／アロマティック
ガウチョパンツ／ユニクロ
バッグ／ジャンニキアリーニ
サンダル／オゾック

Styling Pattern 3

白シャツならではの
ハンサムコーデ

前は第2ボタンまで大きく開け
て、袖もラフにたくし上げる。
"着崩し"でこなれた印象に。

パンツ／タヴァニティ ソー ジーンズ
帽子／クロッチアンドシー
時計／ダニエルウェリントン
バッグ／クレア ヴィヴィエ
スニーカー／ゴールデン グース

Styling Pattern 4

ジャケット代わりに。
デニムと相思相愛！

暑くなったら脱いで、肩掛けや
腰巻きでもバランスがいい白
シャツは、はおりとしても活躍。

タンクトップ／アクネ ストゥディオズ
デニムパンツ／カリテ
ベルト／メゾン ボワネ
バッグ／ジャンニキアリーニ
パンプス／マノロ ブラニク

Styling Pattern 1

**小物と茶系グラデで
優しい印象に**

ニット、バッグ、サンダルを同
系色に。シャツの腰巻きで全
身のメリハリ感もアップ。

———

シャツ／フランク＆アイリーン
デニムパンツ／エージー
バッグ／センシ スタジオ
サンダル／セリーヌ

8大着回し基本服［春夏編］06

ベージュの
ノースリーブニット

☑ 肌になじみすぎない立体的な素材使い

———

ケーブル編みで表情があるのでメリハリがつけやすく、
インナーとしても優秀。甘めにも、辛めにも使えます。

ノースリーブニット／ダブルスタンダード クロージング

Styling Pattern 2

春夏らしい
アース配色で

広がり感のあるスカートでメリハリづけ。仕上げに、バッグでさり気なくツヤ感をプラス。

———

スカート／ユニクロ
バッグ／エレンディーク
サンダル／セリーヌ

Styling Pattern 3

デニムを女っぽく
はきたい日に効果的

ニットならではの優しい質感で、Tシャツをインするより上品でフェミニンに決まります。

———

ジャケット／モロコバー
デニムパンツ／レッドカード
バッグ／センシ スタジオ
パンプス／マノロ ブラニク

Styling Pattern 4

コンサバにまとめて
デニムでくずす

とろみパンツと合わせてコンサバに。より上品に見せるなら、はおりをきれいめにチェンジ。

———

ジャケット／ジミー タヴァニティ
ガウチョパンツ／ユニクロ
バッグに巻いたスカーフ／マニプリ
バッグ／
ダブルスタンダード クロージング
サンダル／セリーヌ

Styling Pattern 1

**トレンドトップスを
すっきり見せる**

黒の重さとデザインの甘さを、
白ボトムと少しの肌見せで、
春夏らしいさわやかな印象に。

———

トップス／アンスリード
コート／エレンディーク
バッグ／ジャンニキアリーニ
パンプス／ペリーコ

8大着回し基本服［春夏編］**07**

白の
タックパンツ

☑ 脚がきれいに見えるテーパードライン

———

腰まわりの張りやたるみをカバーするタックと、脚がまっ
すぐに見えるテーパードライン。着太りしない形を厳選。

パンツ／フラスク

白×ネイビーの
失敗しない好感配色

春夏は特に映えるマリンな配
色。ネイビーと相性のいいグ
レーのバッグをアクセントに。

トップス／ソブ
バッグ／ジャンニキアリーニ
パンプス／ジュゼッペ・ザノッティ

白でくすみを払って、
トーンアップ

定番色ながら、手を抜くと老
けがちな茶系トップスにも、
クリーンな白パンツが好相性。

トップス／エレンディーク
バッグ／エレンディーク
パンプス／マノロ ブラニク

定番トレンチコート
にも相性抜群

白パンツで洗練度も、女っぽ
りもアップ。小物も品よく、
大人ならではのリッチコーデ。

コート／ビアッジョブルー
ニット／エレンディーク
バッグ／エルメス
ミュール／ボワソンショコラ

Styling Pattern 1

きれい色ミックスで
即、マンネリ解消

パーカ×プリーツスカート×ス
ニーカーの定番シンプルなら、
きれい色合わせも簡単！

────────

スカート／ティディベイト
バッグ／クレア ヴィヴィエ
スニーカー／スタニングルアー
×コンバース

8大着回し基本服［春夏編］08

グレーの
スウェットパーカ

☑ 細身×ダブルジッパーで着回し無限大

────────

1枚でもレイヤードでも使える細身。さらに、開き具合
を自由に調節できるダブルジッパーもポイントです。

パーカ／ダブルスタンダード クロージング（akko3839コラボ）

Styling Pattern 2

×ワンピで簡単！
ワンマイル・コーデ

"近所にちょっとお出かけ"な時
にも使える即席コーデ。ワンピ
は長め丈が好バランスです。

ワンピース／アンスリード
バッグ／エレンディーク
スニーカー／コンバース

Styling Pattern 3

ディテールで差がつく
上級シンプル

ケーブルニットとカットオフデ
ニム。ディテールの効いたアイ
テム選びが、脱・地味のコツ。

ニット／
ダブルスタンダード クロージング
デニムパンツ／フレームデニム
バッグ／ジャンニキアリーニ
パンプス／ジュゼッペ・ザノッティ

Styling Pattern 4

華やかな色柄も
×パーカならデイリー

難易度が高そうなボトムも、
パーカ合わせで、即、親しみ
やすいカジュアルバランス。

スカート／アメリ ヴィンテージ
バッグ／ジャンニキアリーニ
パンプス／ファビオ ルスコーニ

春夏コーデ「なんか素敵のコツ」

インスタから
紐解く

普通のシャツやカットソーも、着こなし方でこなれた印象に変わります。
またスタイルよく見せるために、肌見せの抜け感も春夏は特に重要。

Technique
01

普通のシャツを着崩し方でおしゃれに

シャツは着こなし方が大切。ほんの少し気をつけるだけでセンスよく、こなれた印象に変わります。

(基本は第2ボタンまで開けて着ます)

Step
①

きれいめに見せたい日は第1ボタンまでで襟開きを小さくしますが、基本は大きめに開けて、ラフに着ます。

(シャツの前裾をイン)

Step
②

前だけをボトムにイン。サイドと後ろの裾は出したまま。強く押し込むと引きつるので、軽く入れる感覚で。

(襟は首の後ろを立てる)

Step
③

後ろ襟を立てることで、前立てにかけて自然に襟が開きます。その状態をキープ。襟全体を立てないように。

(袖はまず、ひじ下まで大きく折り返す)

Step
④

袖のボタンははずしておきます。ひじ少し下くらいまで袖を引き上げるイメージで、まず大きくひとつ折り。

(折り返した袖をさらにもうひと折り)

Step
⑤

2回目のポイントはきっちり重ねて折らないこと。袖の先がちょっと出ることでこなれたニュアンスが出ます。

Finish

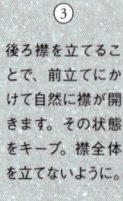

Step
⑥

前だけを入れた裾と自然に立てた襟、袖の折り返し。たったこれだけで、360度どこから見ても立体的で、センスよく見えます。

Step ①

(まずは普通に着る。
丈感も形もベーシック)

体のラインが出るピタピタのTシャツやカットソーは古臭く見えるので、ほどよくゆとりのあるシルエットを選ぶことも大切です。

Step ②

(前裾の真ん中だけを
軽くボトムに入れる)

フロントの裾全部を入れるのではなく、真ん中のみ。シャツ同様、強く入れるとサイドの裾が上がってくるので注意しましょう。

Finish
⌄

Step ④

(袖を軽く
たくし上げて完成)

ウエスト位置が出たことで、全身のメリハリ感がアップ。袖はひじに向かって引き上げるように。肌が少し見えると抜け感が出ます。

Step ③

(インする幅は
ベルトループが目安)

ベルトループがないボトムの場合は、こぶし大ひとつ分が目安です。サイドの裾が自然とボトムに乗っているバランス。

Technique
02

カットソーの前はイン、後ろはアウト

ジャスト丈のTシャツやカットソーもひと手間かけて。簡単なのに、ただ着るだけよりずっと美人！

Technique 03
デニムは足首を見せてはくと好バランス

足首を見せた方が、軽さが出て、全身もすっきりします。デニムに合わせた3つのワザを、全身もすっきりします。

【 幅広ひとつ折り 】

きれいめなインディゴデニムの場合、大きくひとつ折りすると、裏地の白とコントラストが際立って、今っぽいニュアンスに。

【 カットオフデザイン 】

最近は、裾のお直しが必要ない裾カットオフのアンクル丈デニムが豊富。ロールアップなしで、自然とバランスよく決まります。

【 ロールアップ 】

Step ① くるぶしが見えるベーシックなレングス

ダメージデニムは、カジュアル感を生かしたラフな折り方を。ベースは靴のかかとにかかるくらいの丈。

↓

Step ② ひとつ折りで足首を完全に出す

最初は少し幅広めに折ります。ただしデニムによって変わるので、とりあえず足首が見えれば OK。

↓

Step ③ ひと折りした部分をもう一度折り返す

裾のダメージが見えるように、ちょっと浅めに折ります。ちょっとねじれた"適当感"がポイント。

**ボリュームボトムには
細身のオフショル**

フレアースカートやガウチョパ
ンツと好相性。甘さひかえめ
で、初心者にもおすすめです。

————

ニット／
ダブルスタンダード クロージング
スカート／ティティベイト
バッグ／フルラ
パンプス／ペリーコ

Technique
04
————

大人の肌見せはオフショルダーなら上品

**辛口コーデの
女らしさアップに**

黒の重さも解消。肌よりワン
トーン濃いブラウンなら、肌
色も明るくきれいに見えます。

————

トップス／ティティベイト
デニムパンツ／フレームデニム
バッグ／ジミー チュウ
ブーツ／ジャンヴィト ロッシ

年齢を重ねてもキレイに見える肌見せポイントが、デコルテ。オフショルダーは積極的に取り入れて正解！

**デニムが
甘さを受け止める**

ふんわり甘めな白のオフショ
ルブラウスを、ダメージデニム
で媚びないバランスに。

————

ブラウス／マウジー
デニムパンツ／スライ
バッグ／モードローブ
サンダル／ティティベイト

CHAPTER 04

〝その日の気分別〟
コーデ組み立て
実況解説［秋冬編］
　　　　　［春夏編］

akko's Self-Produce Styling

予定がある日は TPO に合わせて、
予定がない日は「女っぽい」「カッコいい」といった
その日の気分でコーディネートを考えます。
なかでもお気に入りのコーディネートを厳選。

akko3839

スカートスタイルで〝媚びない女らしさ〟を目指す日

Skirt Style
...
秋冬編

Coordinate Sample	*Coordinate Sample*
Step ① ネイビーのフレアーを選ぶ	*Step* ① ベージュのフレアーを選ぶ
Step ② ゆるめのドルマンニットをイン	*Step* ② 茶系トップスをイン
Step ③ タイツと靴をすっきり黒で統一	*Step* ③ 小物も同系色でそろえる
Step ④ ファー小物で遊びをプラス	*Step* ④ 黒ライダースで引きしめ

プリーツ入りできれいめなスカートは、トップスしだいでコンサバにもカジュアルにも着こなせます。バッグにフェーティベットをプラスして、配色の地味感を解消。

スカートのボリュームだけが浮かないように、スカートよりワントーン濃い茶系トップスとライダースで重心を上半身に。小物は素材でメリハリをつけつつ、同系色でなじませます。

私の基本スタイルでもある「シンプルトップス×ボリュームスカート」。特に秋冬は重たくならないように、配色で抜け感を出したり、素材のメリハリに気をつけています。

Coordinate Sample	*Coordinate Sample*

Step ① 黒チュールのフレアーを選ぶ

Step ② 白のハイゲージニットをイン

Step ③ ジャケットでかっちりメイク

Step ④ 白小物で軽さアップ

チュールスカートを、ジャケットで上品に。パキッと明るい白ニットと存在感のある白のニットクラッチで抜け感を。足元はパンプスだとコンサバすぎるので、ブーツ。

Step ① ベージュのプリーツフレアーを選ぶ

Step ② 黒のリブカーディガンをイン

Step ③ タイツとパンプスを黒で統一

Step ④ アウター代わりに大判ストール

黒で引きしめて、ガーリーなベージュのプリーツスカートを大人に。大判ストールは、スカートより少し濃い色を選ぶと、優しい雰囲気を残しながら、全身の印象がしまります。

スカートスタイルで〝媚びない女らしさ〟を目指す日

Skirt Style
...
春夏編

Coordinate Sample

Step ① ベージュのフレアーを選ぶ

Step ② デニムブラウスをイン

Step ③ 素足にベージュパンプス

Step ④ 黒カーデの肩掛けでアクセント

ベージュとデニムで春夏らしい軽やかな印象に。後ろ下がりのフィッシュテールスカートはユアーズのもの。カーディガンに合わせて、バッグも濃いチャコールグレーで引きしめ。

Coordinate Sample

Step ① 光沢のある黒フレアーを選ぶ

Step ② シンプルな細身Tをイン

Step ③ かごバッグで春夏らしい軽さを

Step ④ あえてノーアクセですっきり

ボリュームたっぷりの光沢スカートは、黒ながら存在感抜群。ほかはシンプルにまとめます。かごバッグは配色が暗めの日に重宝。シンプルデザインで子供っぽく見えないように。

春夏は、張りのあるきれいめなボリュームスカートが中心です。トップスも薄着になるので、チュールやシフォンだとふわふわして、大人には少し甘すぎると思うので。

Coordinate Sample

Step ① ネイビーのフレアーを選ぶ

Step ② ボーダーカットソーをイン

Step ③ 白とネイビーのマリンな小物使い

Step ④ バングルでツヤ感をプラス

白×ネイビーのマリン配色で。マリン＝カジュアルな印象だけど、スカートスタイルならフェミニンに決まります。仕上げのゴールドバングルも女らしさアップのポイント。

Coordinate Sample

Step ① 黒のプリーツフレアーを選ぶ

Step ② 黒のサマーニットをイン

Step ③ 茶パンプスで足元を少し軽く

Step ④ 黒ブルゾンをラフに肩掛け

上下ブラックでシックに。小物も上品にまとめました。ニット×スカートのワンツーコーデだとちょっともの足りないので、最後にライダースデザインのブルゾンを肩掛け。

黒のパンツスタイルで〝辛口シンプル〟に見せる日

Black Pants
...
秋冬編

Coordinate Sample	*Coordinate Sample*
Step ① きれいめ黒スキニーを選ぶ	*Step* ① ダメージ黒デニムを選ぶ
Step ② タートルニットでⅠラインに	*Step* ② ハイゲージの黒ニットをイン
Step ③ コートとファーでトーンアップ	*Step* ③ ライダースをはおる
Step ④ 素足を少し見せて抜け感作り	*Step* ④ リラクシングなストールとバッグ

ダメージなしのスキニーパンツとタートルニットのシンプルな黒Ⅰラインを、小物で味つけ。パンツの裾をロールアップして肌を見せれば、足元は普通のショートブーツでもOK。

ダメージデニム×ライダースでかなりハードなので、小物で抜け感を。コンパクトに巻いたストールには目線を引き上げるスタイルアップ効果も。バッグはラフにななめ掛け。

トップスとパンツが黒の大好きな組み合わせ。秋冬は特にのっぺりしがちなので、鏡の前でメリハリをきちんとチェック。アウターの色や肌見せ具合、小物使いも大切です。

Coordinate Sample

Step ① きれいめ黒スキニーを選ぶ

Step ② フレアースリーブニットで女らしく

Step ③ 黒ベルトでウエストマーク

Step ④ 存在感のあるブーツでメリハリ

オールブラックだからこそ、フレアースリーブの女らしさが引き立って印象的。ウエストマークでのっぺり感を解消。足元は、パンプスより主張のあるレースアップブーツで。

Coordinate Sample

Step ① 黒のワイドパンツを選ぶ

Step ② 黒のVネックニットをイン

Step ③ 甲浅パンプスで素足見せ

Step ④ ショートコートで重心アップ

流行のワイドパンツを黒でシックに。どうしても重心が下がるアイテムなので、軽さと抜け感を出す肌見せはマスト。素足を見せて、コートとニットの袖をラフにたくし上げます。

黒のパンツスタイルで〝辛口シンプル〟に見せる日

Black Pants
...
春夏編

Coordinate Sample

Step ① きれいめ黒スキニーを選ぶ

Step ② 細身黒のVネックニットをイン

Step ③ トレンチをはおる

Step ④ 白スニーカーでカジュアルダウン

〝黒Iライン×トレンチ〟はバランスが取りやすい定番コーデです。見た目はきれいめ、はき心地は楽ちんなタヴァニティ ソー ジーンズの黒スキニーは、1年中愛用しています。

Coordinate Sample

Step ① 黒のオールインワンを選ぶ

Step ② バカンス気分な帽子をプラス

Step ③ はおっても好バランスなGジャン

Step ④ パンプスで女らしさを上げる

プラステのオールインワンは、楽ちんでシワになりにくいので、普段使いはもちろん、旅行やアウトドアにも活躍。カジュアルすぎると子供っぽいので、仕上げはヒールパンプスで。

春夏は小物力！　着やせする黒とはいえ、小物がないと
体型ばかりに目がいってしまいます。ベルトできちんとウ
エストマークしたり、遊び感のある小物で目線をちらして。

Coordinate Sample

Step ① きれいめ黒スキニーを選ぶ

Step ② 黒のVネックトップスをイン

Step ③ ベルトと靴を茶系で色リンク

Step ④ かっちりミニバッグで上品さを

ユニセックスな着こなしは、全身細身だと古
臭くなってしまうので、トップスはほどよいゆ
とりサイズ。靴とバッグだけでなく、華奢な
ネックレスも女らしさアップのポイントです。

Coordinate Sample

Step ① 黒パンツのセットアップを選ぶ

Step ② インパクトアクセとバッグで盛る

Step ③ 黒カーデの肩掛けで上品に

Step ④ 足元も同色の黒ですっきり

セットアップのゆったりとしたシルエットを、ゴ
ツめのバングルと主張のあるファークラッチ
で引きしめ。コンサバ感をプラスするカーデ
の肩掛けは、冷房対策にもなって一石二鳥。

デニムスタイルで
〝大人カジュアル〟を楽しむ日

Denim Style
… 秋冬編

Coordinate Sample

Step ① インディゴスキニーを選ぶ

Step ② 袖ふんわりの甘め白ニット

Step ③ ストールをラフにひと巻き

Step ④ こっくりカラーの小物をプラス

ダメージデニムだと、ニットのデザインとぶつかってうるさいので、すっきりとしたインディゴスキニーを。ストール、バッグ、パンプスは秋冬らしい深みのあるカラーで。

Coordinate Sample

Step ① 濃い色のダメージデニムを選ぶ

Step ② オフタートルニットで優しく

Step ③ ニットと同系色のソックス使い

Step ④ きれい色パンプスで脱・地味

ちょっとメンズライクなディースクエアードのデニムを、ライトグレーのオフタートルニットで優しいニュアンスに。ニットと同系色のグレーソックスとバッグでまとまり感を。

デニムは細身ストレートかスキニー。ワイドデニムはスタイルよく見せるバランスが難しいと思うから。細身なら、秋冬の定番、ニットとのワンツーコーデが簡単！

Coordinate Sample

Step ① **カットオフデニムを選ぶ**

Step ② **ネイビーニットで品よく**

Step ③ **きれいめなPコートをはおる**

Step ④ **エナメルパンプスでツヤ質感を**

シンプルなネイビーのニットとPコート。コンサバなアイテムを、カットオフデニムでカジュアルダウン。王道スタイルなので、仕上げにファーバッグで遊び心をプラス。

Coordinate Sample

Step ① **色落ちブルーのデニムを選ぶ**

Step ② **フリンジニットで上半身にポイント**

Step ③ **バッグは主張ひかえめなシンプル**

Step ④ **足元は普通すぎないバイカラー**

主張の強いトレンドトップスには、きれいめなヤヌークのスキニーデニムが定番。小物もシンプルに。フリンジニットを主役に、ほかは盛らずに、そぎ落としていくイメージで。

デニムスタイルで〝大人カジュアル〟を楽しむ日

Denim Style ...
春夏編

Coordinate Sample

Step ① ノンウォッシュデニムを選ぶ

Step ② ボリューム袖ブラウスで甘く

Step ③ バッグもフェミニンに

Step ④ 春夏らしいきれい色を足元に

ボリューム袖が可愛いブラウスは、×ダメージデニムもありだけど、上品に見せるならノンウォッシュ。春夏らしい素材使いのバッグときれい色パンプスで軽やかに仕上げて。

Coordinate Sample

Step ① ノンウォッシュデニムを選ぶ

Step ② 黒のデザインブラウスをさらりと

Step ③ 素材感のあるバッグでメリハリ

Step ④ ヌーディなサンダルで華奢に

配色の地味感を小物で軽快に。バッグはクラッチでなくても、定番のかごバッグでOK。ただしサイズは上品な小さめが好バランスです。足元がゴツめだと、印象が重くなるので注意。

オフショルダーやきれい色のような、ちょっとミーハーな
トップスも、デニムならちゃんと受け止めてくれる。大人
にちょうどいい、ヘルシーな甘カジュアルになります。

Coordinate Sample

Step ① 色落ちブルーのストレートを選ぶ

Step ② ビビッドなブラウスを効かせて

Step ③ あえて大きめかごバッグ

Step ④ ブラウスに負けない柄サンダル

鮮やかなグリーンに似合う大きめのかごバッグと花柄サンダル。デニムでコーデ全体がちゃんとなじむので、ほかは無理にインパクトを抑えないで、大胆にいった方が可愛い!

Coordinate Sample

Step ① 淡い水色デニムを選ぶ

Step ② オフショルダーで肌見せ

Step ③ 大人度が上がるミニクラッチ

Step ④ ポインテッドトウで脚長に

大胆な肌見せを、デニムのダメージ感とカジュアル感で媚びないバランスに。オフショルダーのトップスはアクセを盛りすぎると子供っぽくなるので、小物使いはシンプルに。

仕事や子どもの学校行事...etc.
きちんと、コンサバコーデの日

Conservative ...
秋冬編

Coordinate Sample

Step ① 優しい茶系セットアップを選ぶ

Step ② ライダースでカッコいい方向に

Step ③ 足元は同系色ですっきりと

Step ④ ファーバッグで遊びをプラス

デートや食事会には、かっちりしすぎない
こんなコーデ。女らしいタイトスカートのセッ
トアップなら、ファーバッグで遊んでもカ
ジュアルすぎず、上品にまとまります。

Coordinate Sample

Step ① 黒のデザインニットを選ぶ

Step ② 黒ボトムでセットアップ風に

Step ③ アウターは正統派トレンチ

Step ④ 白のかっちりバッグで明るく

ドロップショルダーで、袖が少しふんわりと
したデザインニットなら、オールブラックだけ
どシンプルすぎないバランスに。足首が見え
るアンクル丈のパンツと白バッグで軽さを。

いつ、どんなシーンでも好感度の高い配色とシルエット。でもそれだけだと普通で印象に残りません。ディテールで少しだけトレンド感や遊びを効かせてセンスアップ。

Coordinate Sample

Step ① 黒1ラインのワンピースを選ぶ

Step ② 黒ジャケットをはおる

Step ③ 黒タイツと黒パンプスでつなぐ

Step ④ コートでシックな差し色

オールブラックのフォーマルコーデ。アクセをいろいろ重ねるのは苦手なので、秋冬らしい色みのアウターと、バッグの持ち手に巻いたスカーフで、さり気なくアクセントを。

Coordinate Sample

Step ① 黒パンツのセットアップを選ぶ

Step ② 茶のロングカーディガンをはおる

Step ③ バッグは黒、足元は茶で色リンク

Step ④ 大ぶりアクセで華やぎアップ

光沢のあるベロアなので、黒だけどほどよく華やか。セットアップのやわらかな素材使いに合わせて、はおりも、コートではなく、体になじむロングカーディガンをチョイス。

仕事や子どもの学校行事...etc.
きちんと、コンサバコーデの日

Conservative
...
春夏編

Coordinate Sample

Step ① ベージュのセットアップを選ぶ

Step ② 黒のカーディガンを肩掛け

Step ③ 春夏素材の黒ミニバッグをオン

Step ④ ゴールドサンダルでツヤ感を

きれいめなのに楽ちんなプラステのセットアップは、いろんなシーンに使えて優秀！ 肩掛けカーデと、バンブー×ストローの"涼感"バッグで、黒の引きしめも軽く、さわやかに。

Coordinate Sample

Step ① ベージュのVニットを選ぶ

Step ② タックスカートできちんと感を

Step ③ 質感のあるバッグで脱・地味

Step ④ 足元は華奢でヌーディ

ティティベイトのニットは、立体的なデザインのVネックで肌になじみすぎず、ほどよい存在感。足元は思い切り軽く。定番のパンプスを合わせるより抜け感が出て、印象的に。

春夏らしい軽さは必要だけど、肌を出しすぎると下品。
隠しすぎず、見せすぎないバランスを計算することと、
ひと目できちんと感がわかる素材使いがキモ。

Coordinate Sample

Step ① ネイビーの1ラインワンピを選ぶ

Step ② ジャケットとバッグは白まとめ

Step ③ バングルで手首を華奢に見せる

Step ④ バイカラーのパンプスでモード感を

1枚でサラッと着て決まるプラステの1ライ
ンワンピは、春夏のコンサバコーデに重宝。
ニットなので着心地もよく、今季らしいリブ
編みで、地味すぎないところもお気に入り。

Coordinate Sample

Step ① 黒のコンビネゾンを選ぶ

Step ② 手持ちもサマになるトレンチを

Step ③ シンプルなかごバッグをオン

Step ④ アウターと小物を同系色に

エレンディークのコンビネゾンは、個性的だ
けど、黒なので主張しすぎず、素材使いもき
れいめでオケージョンに大活躍。もう少しき
ちんと見せたい日は、バッグもコンサバに。

足元は〝スニーカー〟 アウトドアな予定の日

Outdoor Style
···
秋冬編

Coordinate Sample

Step ① グレーのデザインスウェットを選ぶ

Step ② 黒の細身パンツですっきり

Step ③ 大きすぎないカジュアルトート

Step ④ スニーカーもグレイッシュに

こんなデザインスウェットなら、全身カジュアルでもさり気なく可愛くて安心。実はパンツもジャージーの楽ちん素材です。コーデはこのまま、足元をパンプスに変えてもおしゃれ。

Coordinate Sample

Step ① ネイビーのパーカを選ぶ

Step ② ダメージデニムをロールアップで

Step ③ ダウンベストをはおる

Step ④ 白スニーカーで抜け感メイク

ダウンベスト×パーカ×デニムの、秋冬の王道カジュアル。女らしさの決め手は、ロールアップではく細身デニム。足首が見えることで、華奢感が上がります。袖も軽くたくし上げて。

インスタグラムにアップすることは少ないけど、スニーカーも大好きで、よくはきます。コーディネートはとにかく脚長に見せることを意識。秋冬は特に重心アップが大切！

<table>
<tr><td>

Coordinate Sample

Step ① 黒のジャージーパンツを選ぶ

Step ② Vネックニットで上品さを

Step ③ ミリタリーなコートで今どき感

Step ④ バッグ＆アクセで女らしく

トップスまでカジュアルだと、全身ゆるく、だらしなく見えてしまうので、Vネックニットできれいめに。スニーカーはニットと同色で、コートのカーキとも相性がいいグレー。

</td><td>

Coordinate Sample

Step ① グレーのスウェットパンツを選ぶ

Step ② 無地の白ニットをイン

Step ③ ライダースでメリハリづけ

Step ④ ユーズドライクな足元でこなれ感

ポイントはスウェットパンツのシルエット。ゆるすぎず、脚のラインにほどよく沿う細身がベストです。インは白TやタンクトップでもOK。ロゴより無地の方が大人に決まります。

</td></tr>
</table>

足元は〝スニーカー〟アウトドアな予定の日

Outdoor Style ...
春夏編

Coordinate Sample

Step ① グレーのスウェットパンツを選ぶ

Step ② 黒のロゴTシャツを合わせる

Step ③ 白シャツの腰巻きで立体感を

Step ④ クラッチで女らしさを足す

裾リブのスウェットパンツは、裾を軽く上げるとヒザの辺りにゆるさが出て、こなれた印象に。シャツは、チェックやデニムでもOK。スニーカーは永遠の定番、黒のコンバース。

Coordinate Sample

Step ① グレーのスウェットパーカを選ぶ

Step ② 白スカートで甘さをミックス

Step ③ グレーのスニーカーで色リンク

Step ④ 黒バッグで引きしめ

パーカと相愛のフレアースカートで〝スポーツミックス〟な着こなし。パーカのシルエットが重要で、腰丈の細身。ここをはずすと、メリハリがなく、バランスが悪く見えるので注意。

肌見せで抜け感を作れる分、秋冬よりバランスが取りやすいかも。全身カジュアルでも女らしさは忘れたくないので、シルエットメイクや小物は手を抜かないように。

Coordinate Sample

Step ① デニムのシャツワンピースを選ぶ

Step ② 黒のレギンスパンツを合わせる

Step ③ インナーはグレーで明るく

Step ④ ビッグトートの視覚効果で華奢に

フランク＆アイリーンのデニムシャツワンピは、着回し力が高く、ラフにはおったり、着崩してもきれいに決まるお気に入り。ローカットスニーカーで足元はすっきりさせて。

Coordinate Sample

Step ① 白のデニムパンツを選ぶ

Step ② ざっくり感のある黒ニット合わせ

Step ③ デニムシャツを腰巻き

Step ④ パンツとスニーカーを白でつなぐ

デニムシャツを腰巻きするひと手間で、メリハリとこなれ感に大きく差が出ます。また白デニムは、パキッと明るいトーンを選ぶと着太りすることなく、シャープな印象に。

Technique
①

[ファーつきバッグ]
＋
[黒ソックス]
＋
[ピンクパンプス]

ファーバッグだけが浮かないように、足元に派手色を。ソックスは、子供っぽく見えない薄手の黒、グレーを愛用。

CHAPTER 05

おしゃれ度が上がる！
小物の組み合わせかた実例

How To Wear Accessories

基本は大ぶりなものや、わかりやすいはっきりとした色柄の小物使い。ひとつでメリハリがつく方が、毎日のコーディネートに時間もかからないから（笑）

akko3839

Technique
②

［ レザーバングル ］
＋
［ コットンバッグ ］
＋
［ 厚底スニーカー ］

スニーカーをはく日は、ほかの小物をきれいめに。配色も抑えてシックに。

Technique
③

［ ニットクラッチ ］
＋
［ グレーソックス ］
＋
［ イエローパンプス ］

ちょっと遊んだ小物効かせ。クラッチとソックスの色みをそろえて、まとまり感を。

Technique
④

［ ビッグリング ］
＋
［ 大きめ腕時計 ］
＋
［ 黒サンダル ］

シンプルカジュアルを、小物で女らしく。手元でツヤ感を、足元で華奢感を。

Technique
⑤

[大判ストール]
＋
[メッシュの
トートバッグ]

やわらかなストールと、ツ
ヤのあるバッグ。同系色で
まとめて、素材でメリハリ。

Technique
⑥

[黒ブレスレット]
＋
[黒クラッチ]
＋
[グレーソックス]
＋
[カラーサンダル]

合わせやすいけどハードに
なりがちな黒小物に、足元
で軽さと女らしさを上乗せ。

Technique
⑦

[型押しベルトの
腕時計]
＋
[バケツ型バッグ]
＋
[スエードパンプス]

コートに合わせて茶系で統
一。それぞれ異なる素材感
で地味すぎないように。

Technique
⑧

[ファニーな
かごバッグ]
＋
[華奢サンダル]

特に春夏は、こんな"遊び
バッグ"も好き。女度の高
いサンダルで引きしめます。

Technique
⑨

[スカーフ手首巻き]
+
[春夏素材のクラッチ]
+
[鮮やか色パンプス]

ブレスレット代わりに、ス
カーフを手首に巻いて。春
夏らしいバカンステイスト。

Technique
⑩

[黒バッグ]
+
[ファーティペット]
+
[黒ブーツ]

ファーティペットが秋冬の脱・
地味に重宝。バッグに巻い
て、黒コーデを華やかに。

Technique
⑪

[白ハット]
+
[トートバッグ]
+
[差し色ストール]

明るいトーンの小物使いで
スタイルに抜け感を。ヌー
ディな足元もポイント。

Technique
⑫

[スカーフ手首巻き]
+
[ビニールトート]
+
[フラットサンダル]

カジュアルすぎない決め手
は小物の色。グレー、シル
バー、黒でまとめてシックに。

Technique
⑬

[大きめ腕時計]
+
[ニットクラッチ]
+
[スエードパンプス]

厚地のソックスとニットクラ
ッチ、スエードパンプスの
素材使いであたたかみを。

Technique
⑭

[ストローバッグ]
+
[スカーフ]
+
[上品ミュール]

シンプルなバッグに、スカ
ーフを巻くだけでこなれ感
がアップ。足元は軽やかに。

ALLシーズンの偏愛アイテムLIST

akko's Most Lovable Items

シーズン毎、そして年齢を重ねて、似合う色や形は
変わっていきます。でも「これだけはないと困る！」
そんなアイテム。5年後、10年後も着ていたい
永遠の定番のような存在です。

akko3839

「どんなシーン、コーデにも使えるデザイン」

アクアスキュータムの
トレンチコート

カジュアルにも、オフィシャルにも、そしてドレスアップにも使えるのは、トレンチの基本の形で、代表格でもあるアクアスキュータムだから。おばあちゃんになっても着られるデザインだと思います。

トレンチコート／アクアスキュータム

**いつものシンプルに
洗練を与えてくれる**

シンプルを上質に変える。ある意味、大人の迫力のようなものが、このトレンチコートにはある。水をはじく素材で、雨の日も気にせず着られます。

トレンチコート／アクアスキュータム
ニット／ユニクロ
パンツ／ダブルスタンダード クロージング
バッグ／フルラ
パンプス／クリスチャン ルブタン

「流行より、脚がきれいに見えることを優先」

細身のデニム

———

ゆるいデニムは脚がきれいに見えないし、しっくりこない。私にとってデニムは、トレンドアイテムではなくてベーシックな存在だから、たとえ「時代遅れ」と言われても（笑）、ずっと細身派です。

きれいめインディゴ

エージー

ダメージ加工のライトブルー

タヴァニティ ソー ジーンズ

色落ちブルー

ラグ アンド ボーン

シンプルブラック

タヴァニティ ソー ジーンズ

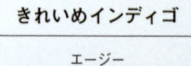

Denim Styling Pattern 1

色落ちブルー

上品な色落ちで、シンプルニットのカジュアルダウンに活躍。裾カットオフのディテールがちょうどいいアクセント。

Denim Styling Pattern 2

きれいめインディゴ

トップスに主張がある日は、きれいめデニム。ピタピタすぎない細身ストレートは、脚がいちばんきれいに見えます。

Denim Styling Pattern 3

シンプルブラック

トップスを選ばない万能・黒スキニー。ダメージのないタヴァニティのデニムは、やわらかく、はきやすさも抜群。

Denim Styling Pattern 4

ダメージ加工のライトブルー

思い切りカジュアルダウンしたい日に。薄手や淡い色みのトップスと相性がいいので、春夏によくはきます。

① クリスチャン ルブタンのベージュエナメル
② マノロ ブラニクのバイカラー
③ ジミー チュウのビビッドピンク
④ ファビオ ルスコーニのグリーン
⑤ ザラのボルドー
⑥ ペリーコのベージュ
⑦ ペリーコのダークブラウン

「女らしさの象徴だと思うから、あきらめない」

ポインテッドトウの
パンプス

———

きっかけは、アメリカのドラマ『セックス・アンド・ザ・シティ』。主
人公キャリーの、ハイヒールを愛して、楽しむ姿がカッコよくて憧れ
ました。それ以来、少しずつ集めてきたなかのお気に入りです。

「はおればいつでも自分らしい」

黒ライダース

———

甘めか辛めかと聞かれれば、辛め。"可愛い"より"カッコいい"。
そんな私のスタイルに、ライダースははずせません。どんなコーデも、
はおるだけで自分らしさが出せる。理屈抜きで大好きなアイテム。

ライダース／ビューティフルピープル

Racing Jacket Style 1

［ ライダース ］
+
［ 黒リブニット ］
+
［ ダメージスキニー ］

オールブラックでまとめて、足元はスニーカー。120％クールで辛口な着こなしは、細身シルエットで女らしさをキープ。

Racing Jacket Style 2

［ ライダース ］
+
［ Ｖネックニット ］
+
［ フレアースカート ］

上品なスカートコーデに1点投入。ニットをスカートにインして、腰位置をきちんとマークするとバランスよく決まります。

Racing Jacket Style 3

［ ライダース ］
+
［ 甘めブラウス ］
+
［ 黒スキニー ］

フェミニントップスとも相性抜群。ラフに肩掛けするだけで、甘さを抑えて、クールビューティなニュアンスが出せるから重宝。

「大人が似合う、こなれたきちんと感が好き」

ソブの
テーラードジャケット

―――――

定番アイテムながら、年々、シルエットや丈感の旬が微妙に変わる
ので、定期的にアップデートします。今はソブ。サイジングもメンズ
ライクなダブルボタンと、裏地で遊んだシングルジャケットの2着。

ジャケット／ともにソブ

**パンチの効いた
主役ボトムをぶつけて**

デニムやきれいめボトムに合
わせる定番の着こなしもありだ
けど、こんなインパクトのある
メタリックスカートとのミック
スも新鮮。小物は、ジャケッ
トにテンションを合わせて。

ジャケット／ソブ
ニット／ブラーミン
スカート／アンスリード
バッグ／ジャンニキアリーニ
パンプス／ペリーコ

「清水買いから約20年。
これだけは手放せない」

エルメスの
バッグ

———

イタリアで初めて買ったエルメスのケリー。1日
に何度も何度もお店に見に行った私の顔を店員
の方が覚えていて、バックヤードにとっておいてく
れたもの。最後は覚悟を決めました。40歳をす
ぎて、ようやく自分らしく持てるようになった気
がします。想いも愛も深い、運命のバッグ。

バッグ、スカーフ／ともにエルメス

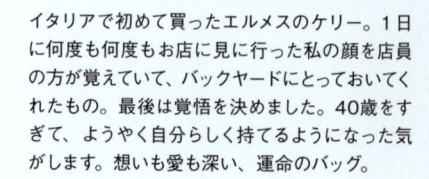

自分が心地いいと
思えるものだけを着て

ゆるいニットと黒スキニー、ローカットのスニーカー。予定がない日や家族とのんびり過ごす日の、心からリラックスできるシンプルカジュアル。

———

ニット／エレンディーク
パンツ／フレームデニム
バッグ／モロコバー
スニーカー／ゴールデン グース

「ヒールに疲れたら
ここに戻ってくる」

ローカットの
スニーカー

———

インスタグラムを見ていただいている方には「意外」と言われることもありますが、スニーカーも大好きな定番。こなれ感……それもあるけど、結局、素の自分らしさが、ここにあるような気がします(笑)。

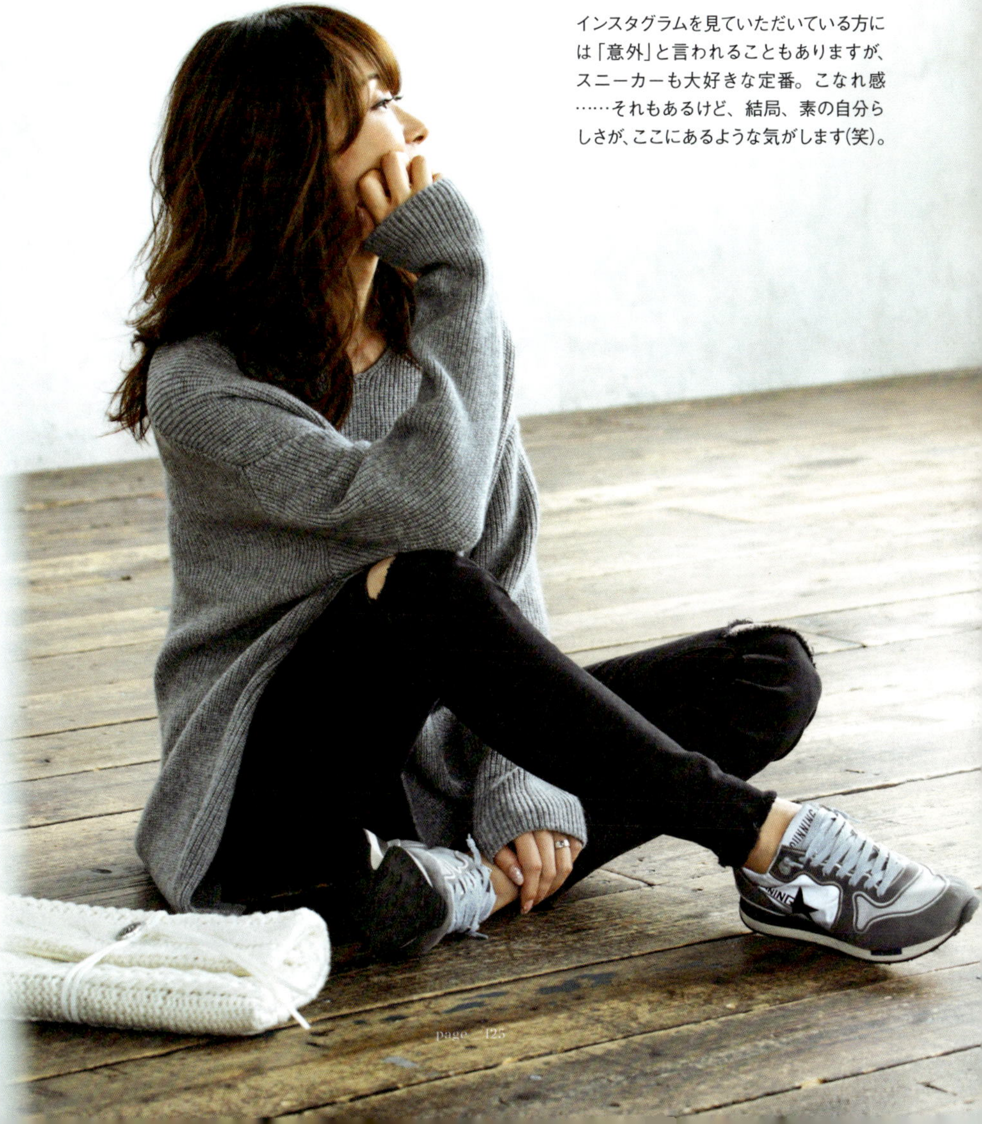

「〝人生が変わる〟
きっかけを作ってくれた皆様へ」

インスタグラムを始めた頃は、独りよがりに
自分へのご褒美で買ったブランド品の写真などをアップしていました。
それがいつの頃からか、毎日のコーディネートが中心に。
私なりのアイテム選びや着回しかたに対して
「参考になる」「真似したい」と言っていただけることが
本当にうれしくて、コーディネートを撮って、写真をアップする毎日です。
それがきっかけで1冊の本が生まれ、私の人生が少しだけ変わりました。
いつも支持してくださるフォロワーの皆様に、
まず、いちばんに感謝の気持ちをお伝えしたいと思います。
そしてお世話になった編集スタッフの皆様、
いつも支えて、見守ってくれる主人と子供たち、
この本を手に取ってくださった方、
皆様に感謝いたします。ありがとうございました！

by akko3839（山田明子）

SHOP LIST

- □ アクアスキュータム
  03-4521-8191
- □ アンスリード
  03-3409-5503
- □ アンデミュウ
  0120-601-162
- □ エヌ ドット
  03-5379-7748 (ルミネエスト新宿店)
- □ エレンディーク
  03-6853-0100
- □ オゾック
  03-6324-2642
- □ オペーク ドット クリップ
  03-6324-2642
- □ カリテ
  03-3272-6004 (カリテスケープ コレド日本橋店)
- □ クチューム
  075-723-3511
- □ グローブ
  03-6324-2642
- □ ジミー タヴァニティ
  03-5722-3684
- □ ダブルスタンダード クロージング
  03-5413-4141
- □ ソブ
  03-5413-4141
- □ ダンスキン
  0120-307-560 ／ 03-3481-7266
- □ フラスク
  078-332-6162
- □ ブラーミン
  03-3440-3252
- □ パシオーネ
  03-3231-5552
- □ ベアトリス
  03-3440-3524
- □ マリードール
  06-6232-0868
- □ マリベルジーン
  03-5722-3684
- □ モロコバー
  03-3470-1065 (六本木ヒルズ店)
- □ ユニクロ
  0120-170-296

※本書籍内で紹介したアイテムは、
ほぼすべて akko3839 の私物になります。
販売終了した商品や完売商品も多く含まれます。

STAFF

All Styling
akko3839 (山田明子)

Editor
滝沢裕子

Photographer (Model)
akko3839 (山田明子)
勝岡もも子

Photographer (Still)
坂田幸一

Assistant Stylist
稲葉有理奈 (kind)

Hair & Make
忠本功 (LOVEST)

Props
AWABEES

Art Director
小野美名子 (Hd LAB)

Designer
中平恵理 (Hd LAB)

Proofreading
仲西由利子

Desktop Publishing
STOL

Special Thanks To
山田和弘
滝野雅久 (株式会社フィルム)

akko3839

PROFILE

本名／山田明子。
1972年、愛知県生まれ。愛知県育ち、愛知県在住。
既婚。高校生と小学生の2人の子どものママ。
スタイリングのアドバイスや、企業やブランドとコラボしての商品デザインなど、
ファッション関係の仕事をする傍ら、「akko3839」のアカウントで、
インスタグラム上に自身のコーディネートを披露。
着こなしやすくて女性らしいakko流のシンプルスタイルが幅広い世代に好評で、
現在フォロワー数は13万人を突破。

基本の8着で人生が変わる大人着回し術
2017年10月10日　第1刷発行

著者	akko3839
発行者	見城 徹
発行所	株式会社 幻冬舎
	〒151-0051 東京都渋谷区千駄ヶ谷4-9-7
電話	03 (5411) 6211 (編集)
	03 (5411) 6222 (営業)
振替	00120-8-767643
印刷・製本所	大日本印刷株式会社
	検印廃止

幻冬舎ホームページアドレス　http://www.gentosha.co.jp/
この本に関するご意見・ご感想をメールでお寄せいただく場合は、
comment@gentosha.co.jp まで。